Sortie à la patinoire

CW01665162

À Marianne et sa tribu :
Lola, Lorenzo, Théo, Timothée,
Camille, Inès et Gabriel.
Vive les familles recomposées !
M.

À mes parents, sans rancune pour le costume !
Et à ma mère, que cette rose te trouve finalement !
E. R.

www.flammarion-jeunesse.fr

Couleurs : Emmanuel Ristord et Sarah Murat
© Flammarion, 2020
Éditions Flammarion – 87, quai Panhard-et-Levassor – 75647 Paris Cedex 13
ISBN : 9782081495159 – N° d'édition : L.01EJEN001688.A002
Dépôt légal : novembre 2020
Imprimé en Espagne par Liberdúplex – février 2021
Loi n° 49-956 du 16 juillet 1949 sur les publications destinées à la jeunesse

Sortie à la patinoire

Texte de
Magdalena

Illustrations
d'**Emmanuel Ristord**

CASTOR POCHE

Basil
Réda
Samir
Léo
Selma
Alice
Lou
Fatou
Tim
Mia
Noé
Léa
Ana
Téo
Bob
Luc
Notre classe de CE1

Après l'histoire, tu trouveras des jeux et des activités page 34 !

Mercredi midi, Léo passe
devant la place de la mairie.
Quand il découvre que la patinoire éphémère
est enfin ouverte, il s'écrie :
« Wahou, c'est beau ce décor
avec tous les animaux du pôle Nord.
On y va, Papa ?
– C'est l'heure de manger ! répond son père.
– Alors on revient cet après-midi ! insiste Léo.
Tu vois, Ayko aboie, il est d'accord avec moi !
– C'est bon, vous avez gagné ! »

Dès 14 heures, Léo, son père et Ayko arrivent à la patinoire.
Très concentré, Léo enfile ses patins et ses gants.

Quand il relève la tête, quelle surprise !, il voit Maître Luc de l'autre côté de la barrière.
Léo s'empresse de le rejoindre.
Son père et Ayko préfèrent les regarder.

Maître Luc est très à l'aise sur la glace.
Léo est épaté.
« Wahou, vous savez drôlement bien patiner !
dit-il.
– Pas aussi bien que toi ! répond Maître Luc.
– J'adore, je suis inscrit à un club
de patinage artistique,
c'est ma troisième année, explique Léo.
– J'en ai fait quand j'avais ton âge,
raconte Maître Luc. Mais au bout
de deux ans, j'ai laissé tomber
pour me mettre à la musique. »

Le lendemain, Léo arrive le premier à l'école. Dès que Léa, Ana et Noé passent le portail, il leur saute dessus.
« Vous savez quoi ? Hier, j'étais à la patinoire avec Maître Luc ! »

Les triplés le regardent, les yeux écarquillés.
« Tu as fait du patin à glace avec lui, la chance ! dit Ana.
– Vite, raconte tout ! ajoute Noé.
– Je rêve d'en faire ! » dit Léa.

Patati patata, Léa, Ana et Noé répètent la nouvelle à Selma, qui se confie à Basil, qui raconte à Téo…
Bientôt, toute la classe est au courant.

À la récré, les CE1 vantent les exploits de leur maître.
« Il a fait des sauts super hauts ! dit Réda.
– Et des figures compliquées », ajoute Alice.

Mais lorsque les CE1 se mettent en rang, le ton monte.
« Le patin à glace, c'est un truc de fille ! se moque Téo.
– N'importe quoi ! répond Léo, vexé. Dans mon club, il y a plein de garçons.
– Il n'y a pas d'activités réservées aux filles et d'autres aux garçons, intervient Maître Luc. Chacun est libre de faire ce qui lui plaît. Et je peux vous dire que le patinage artistique est un sport très difficile.
– Paraît que vous êtes un champion ! » affirme Bob.

Maître Luc éclate de rire.
« J'ai fait du patin à glace quand j'étais petit, mais je suis loin d'être un champion ! Bon, je vais vous raconter un secret. »

Les CE1 se sont installés en silence dans la classe, pressés d'en savoir plus.
« Le jour du gala, commence Maître Luc, je suis arrivé le dernier. Il ne restait plus qu'un costume, le plus moche.
– Hihi ! glousse Basil.
– C'est pas drôle ! » le gronde Selma.

Maître Luc sourit et continue :
« À la fin du spectacle, on devait lancer une rose dans le public. Je voulais l'envoyer à ma mère, mais impossible de la retrouver dans les gradins. Je suis resté le seul avec ma rose à la main. J'étais tellement déçu que j'ai tout arrêté.
– C'est triste ! soupire Mia.
– Mais non, du coup il joue de la guitare pour nous ! » conclut Léo.

En rentrant chez eux après l'école,
les triplés font un détour par la place
de la mairie.
« Regardez, c'est drôle, ils ont tous
des patins orange ! dit Noé.
– Vous avez vu les pingouins et les ours ? »
s'extasie Léa.

Une patineuse les entend.
Elle s'arrête pour leur expliquer :
« La location de patins est offerte,
et le soir, les animaux sont illuminés.
Venez, c'est magique, vous verrez.
– Et si on proposait aux copains
d'aller patiner tous ensemble ? dit Ana.
– Trop top comme idée ! »
approuvent Léa et Noé.

Les CE1 se donnent rendez-vous le samedi après-midi. Fatou arrive la première. Quand Léo et Mia la rejoignent, elle patine déjà avec ses petites sœurs.

« Elles poussent chacune un pingouin, c'est trop mignon ! dit Mia.
– Tu ne vas pas chercher des patins ? demande Léo qui finit d'enfiler les siens.
– Non, dit Mia, je préfère regarder. »

Bientôt, tous les CE1 sont là.
Lou est venue avec Max et Milo,
les fils du compagnon de sa maman.
Ils patinent comme des rois.
Noé et Tim tombent sans arrêt.
Ils passent plus de temps les fesses par terre
que les pieds sur la glace.
« Allez, courage ! » crie la grand-mère
de Samir pour les motiver.

Léo donne des conseils à ses amis.
Les filles l'admirent.
« Wahou ! dit Alice.
– Tu es trop fort ! » dit Fatou.

Bob aimerait bien être à la place de Léo.
Il boude dans son coin.
« Léo fait un peu le chef, dit Bob à Basil.
– Tu es jaloux, toi », le taquine Lou
qui a tout entendu.

Les bouches pleines de gaufre
et les doudounes couvertes de sucre glace,
les CE1 font une pause goûter.
« C'est trop bien, l'hiver ! dit Basil.
– Manque la neige ! soupire Fatou.
– Et Maître Luc ! s'exclame Léa.
Il n'est pas venu ! »

Ana éclate de rire.
« Je crois qu'on a oublié de l'inviter ! »

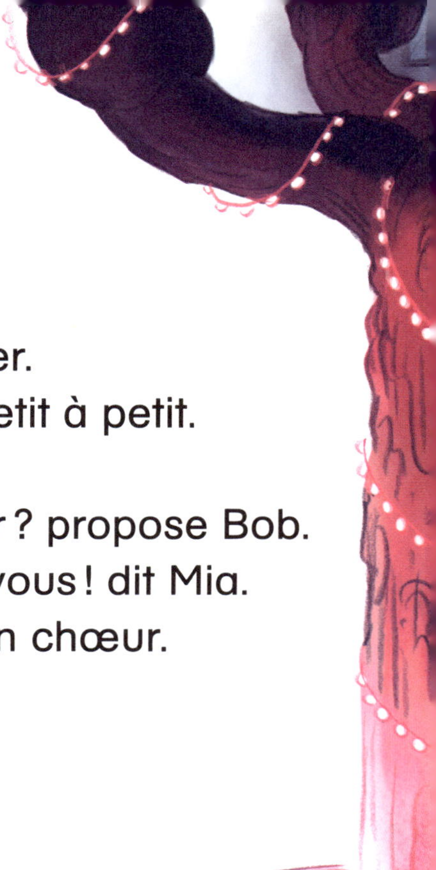

La nuit commence à tomber.
Les animaux s'illuminent petit à petit.
« C'est trop beau ! dit Noé.
– Et si on retournait patiner ? propose Bob.
– Cette fois, je viens avec vous ! dit Mia.
– Youpi ! » crient les CE1 en chœur.

Et tous entourent Mia.

Maintenant, la patinoire est entièrement éclairée.
Certains portent des tenues avec des bandes phosphorescentes.
« Dommage, on n'a pas d'habits qui brillent dans la nuit, dit Ana.
– Prenons les animaux qu'on pousse, ce sera amusant ! » propose Léa.

Une farandole d'animaux lumineux danse sur la glace. Mia est fière d'être en tête !
Et comme par magie, la neige se met à tomber.

Je joue pour bien comprendre

1 **Trouve les 5 erreurs** dans ce résumé du livre.

Une patinoire éphémère a été installée devant l'école. Léo y rencontre Maître Luc. Les CE1 décident d'aller patiner tous ensemble le mercredi. Selma vient avec ses petites sœurs. Elles poussent chacune un renne. Le soir, la patinoire s'illumine. Et comme par magie, la pluie se met à tomber.

Réponse : l'école = la mairie ; le mercredi = le samedi ; Selma = Fatou ; un renne = un pingouin ; la pluie = la neige.

2 Qui dit quoi ?

Associe chaque phrase au bon personnage.

1. Hier, j'étais à la patinoire avec Maître Luc.
2. Le patin à glace, c'est un truc de fille !
3. Je vais vous raconter un secret.
4. Elles poussent chacune un pingouin, c'est trop mignon !
5. Il fait un peu le chef.

a. Mia

b. Léo

c. Téo

d. Bob

e. Maître Luc

Réponse : 1-b, 2-c, 3-e, 4-a, 5-d.

Je joue avec la patinoire

1 Parmi ces objets, **montre** ceux dont tu as besoin pour aller à la patinoire. Pour quelle activité te serviront les autres ?

a. 

b. 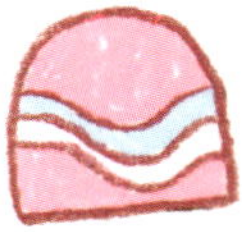

c. 

d. 

e. 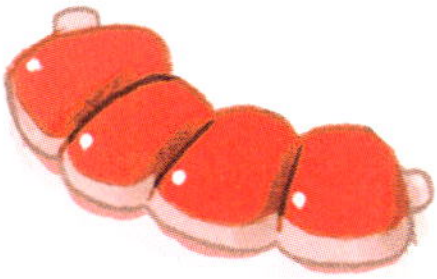

f. 

g. 

h. 

Réponse : a, d, f, g ;
les autres objets servent pour aller à la piscine.

2 Connais-tu la différence entre un pingouin et un manchot ?

Ils se ressemblent, mais ils ne sont pas de la même espèce.
Le pingouin vit dans l'hémisphère Nord, et se sert de ses ailes pour voler et nager.
Le manchot vit dans l'hémisphère Sud mais ne vole pas ! Ses ailes lui servent seulement à nager.

3 Et toi ? Raconte…

Es-tu déjà allé(e) à la patinoire avec tes parents ou des amis ?
As-tu aimé faire du patin à glace ?
Aimerais-tu pratiquer le patinage artistique en club, comme Léo ?

Je suis en CE1

Retrouve les histoires de **Je suis en CE1** pour t'accompagner tout au long de l'année dans la maîtrise de la lecture autonome.

Premier jour de classe

À la bibliothèque

La photo de classe

Une dent perdue

Opération jardinage

Allez les champions !

Au poney-club

Tous à vélo !

Billes, toupies et compagnie

T'es plus ma copine !

La gorge qui grattouille

Maître Luc est amoureux

Visite au musée

Téo a une petite sœur

Selma veut danser

Le voyage à Paris

Sortie à la patinoire

Quelles histoires as-tu déjà lues ?
Quelle est ta préférée ?
Lesquelles aimerais-tu lire ?

Découvre aussi

Les maths du CE1
3 titres parus

Je m'amuse pour bien lire

Les nouveaux copains

Si tu veux contacter l'auteure,
tu peux aller sur son blog :
www.magdalena-auteur.com